Impressum
Verlag: BABADADA GmbH, Nedderfeld 112 , 22529 Hamburg
Geschäftsführer / Verlagsleitung: Harald Hof
Druck: Books on Demand GmbH, In de Tarpen 42, 22848 Norderstedt

Imprint
Publisher: BABADADA GmbH, Nedderfeld 112 , 22529 Hamburg, Germany
Managing Director / Publishing direction: Harald Hof
Print: Books on Demand GmbH, In de Tarpen 42, 22848 Norderstedt, Germany

skola

de School

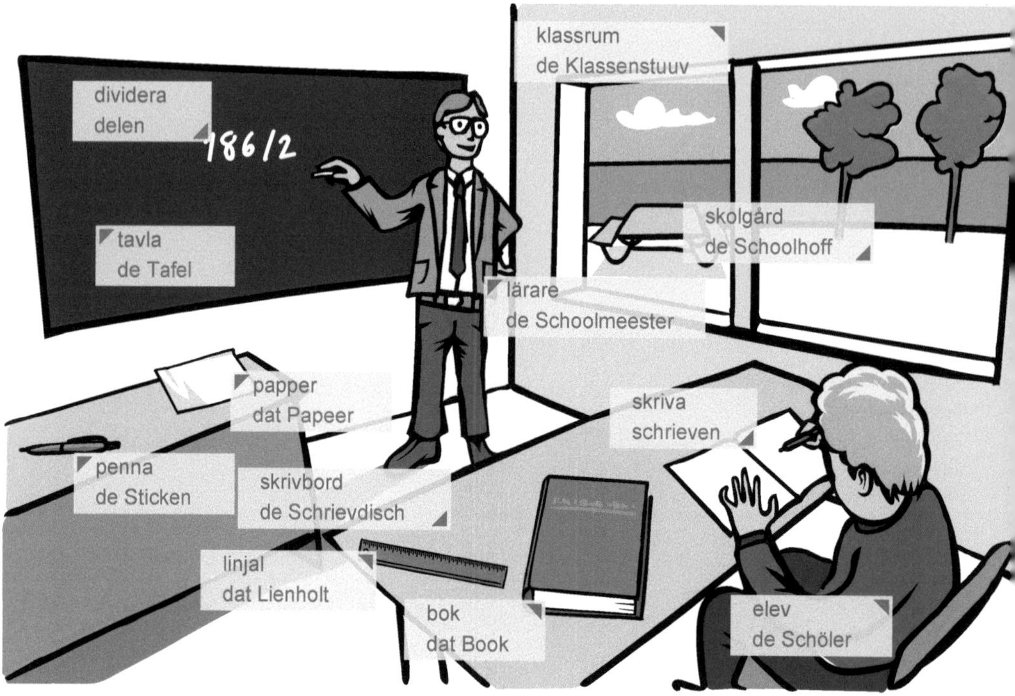

klassrum
de Klassenstuuv
dividera
delen
186/2
tavla
de Tafel
skolgård
de Schoolhoff
lärare
de Schoolmeester
papper
dat Papeer
skriva
schrieven
penna
de Sticken
skrivbord
de Schrievdisch
linjal
dat Lienholt
bok
dat Book
elev
de Schöler

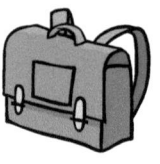

skolväska

de Ranzel

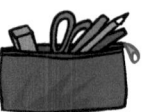

pennfodral

de Feddermapp

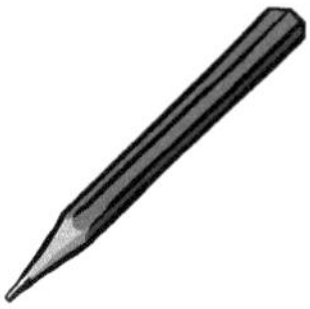

blyertspenna

de Bleesticken

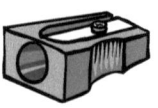

pennvässare

de Scharpmaker

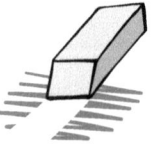

suddgummi

dat Radeergummi

ritblock

de Tekenblock

teckning

de Teken

pensel

de Pinsel

målarlåda

de Malkassen

sax

de Scheer

lim

de Klever

övningsbok

dat Heft to'n Öven

hemläxa

de Huusopgaav

12

tal

de Tall

2+2

addera

tohooptellen

5-2

subtrahera

aftrecken

2×2

multiplicera

malnehmen

räkna

reken

bokstav

de Bookstaav

ABCDEFG HIJKLMN OPQRSTU VWXYZ

alfabet

dat ABC

ord

dat Woort

text

de Text

läsa

lesen

krita

de Kried

lektion

de Stunn

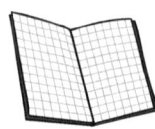

register

dat Klassenbook

prov

de Pröven

intyg

dat Tüügnis

skoluniform

de Schooluniform

utbildning

de Utbillen

uppslagsverk

dat Nakieksel

universitet

de Universität

mikroskop

dat Mikroskop

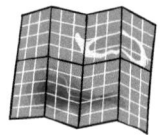

karta

de Koort

papperskorg

de Papeerkorf

resa
de Törn

hotell
dat Hotel
Grand
vandrarhem
de Harbarg
ROOMS
växelkontor
de Wesselstuuv
resväska
de Kuffer
bil
dat Auto

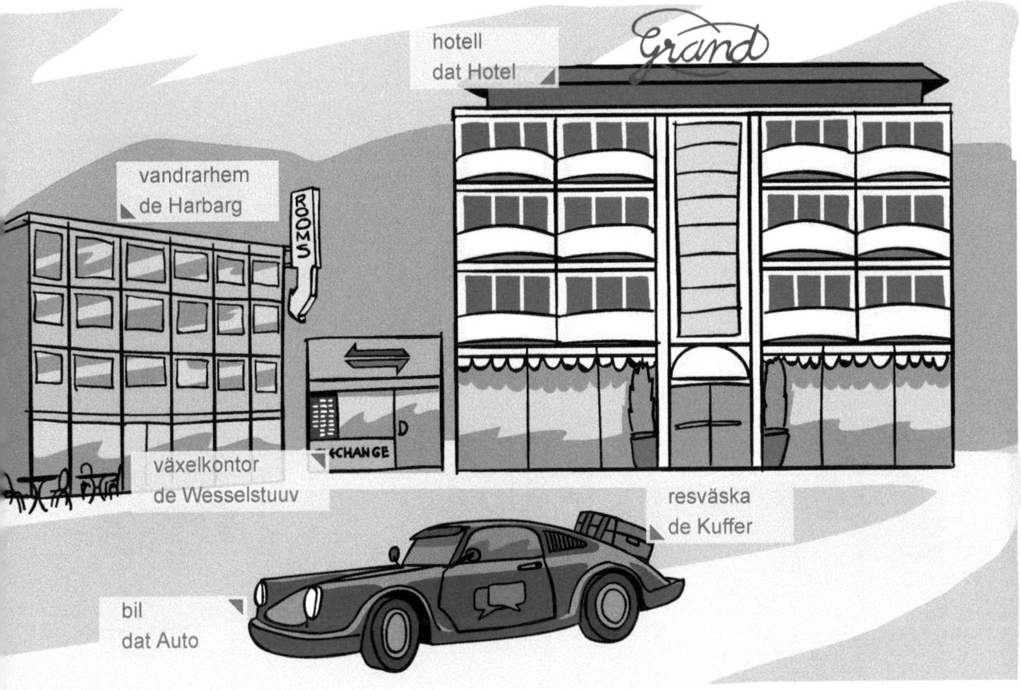

språk

de Spraak

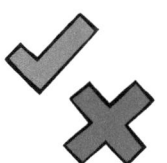

ja / nej

jo / ne

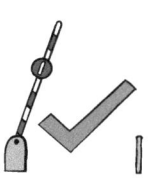

Okay

Jo

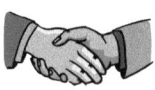

hej

Moin

översättare

de Översetter

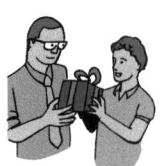

Tack

Dank ok

hur mycket kostar...?

Wat kost...?

jag förstår inte

Ik verstah nich

problem

dat Problem

God kväll!

Goden Avend

God morgon!

Moin!

God natt!

Gode Nacht!

hejdå

Tschüüs

riktning

de Richt

bagage

de Bagaasch

väska

de Tasch

ryggsäck

de Rüchsack

gäst

de Gast

rum

de Stuuv

sovsäck

de Slaapsack

tält

dat Telt

turistinformation

Touristeninformatschoon

strand

de Strand

kreditkort

de Kreditkoort

frukost

dat Fröhstück

lunch

dat Meddageten

middag

dat Avendeten

biljett

de Fohrkort

hiss

de Fohrstohl

frimärke

de Breefmark

gräns

de Grenz

tull

de Toll

ambassad

de Bottschop

visum

dat Visum

pass

de Pass

transport
de Transport

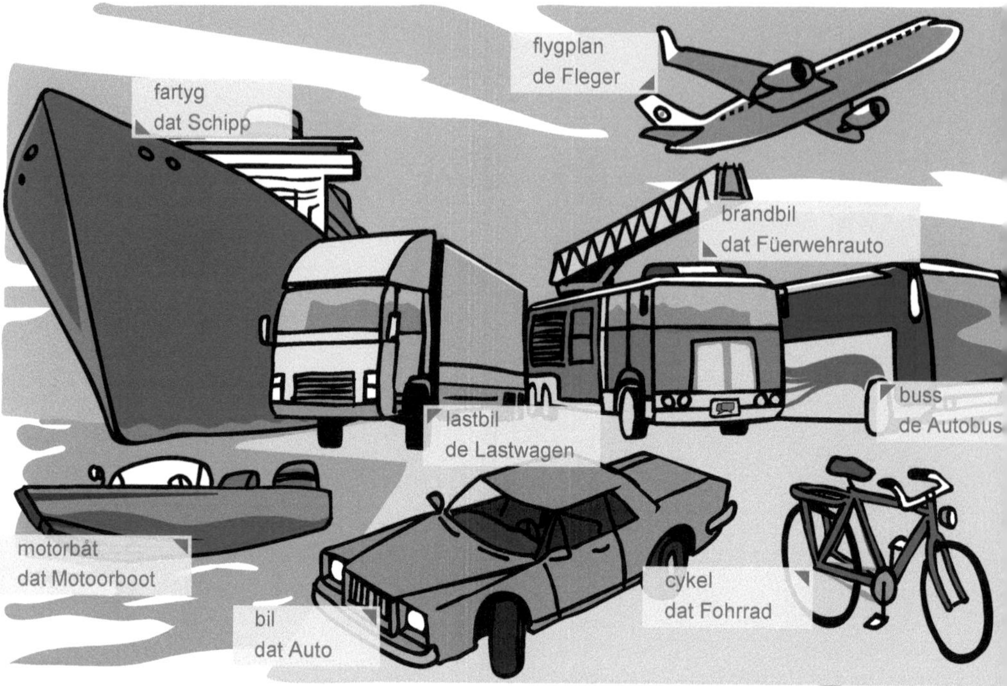

flygplan
de Fleger
fartyg
dat Schipp
brandbil
dat Füerwehrauto
buss
de Autobus
lastbil
de Lastwagen
motorbåt
dat Motoorboot
cykel
dat Fohrrad
bil
dat Auto

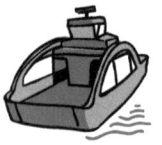

färja
de Fähr

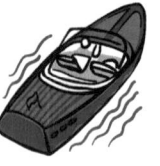

båt
dat Boot

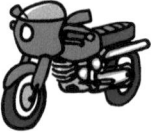

motorcykel
dat Motoorrad

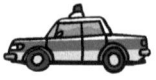

polisbil
dat Polizeiauto

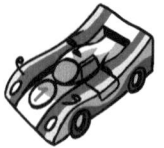

racerbil
dat Rönnauto

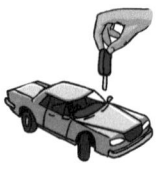

hyrbil
de Lehnwagen

bilpool
dat Carsharing

bärgningsbil
de Afsleepwagen

sopbil
dat Müllauto

motor
de Motoor

bränsle
de Kraftstoff

bensinstation
de Tanksteed

vägmärke
dat Verkehrsschild

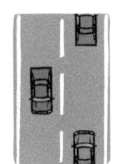

trafik
de Verkehr

bilkö
de Stau

parkeringsplats
de Afstellplatz

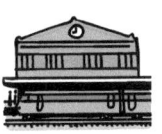

tågstation
de Bahnhoff

räls
de Sporen

tåg
de Tog

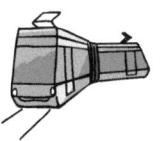

spårvagn
de Stratenbahn

vagn
de Wagon

helikopter

de Dwarsmöhl

flygplats

de Flooghaven

torn

de Tower

passagerare

de Fohrgast

container

de Grootkist

kartong

de Karton

vagn

de Koor

korg

de Korf

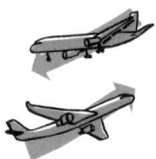

starta / landa

starten / lannen

stad
de Stadt

by

dat Dörp

centrum

de Binnenstadt

hus

dat Huus

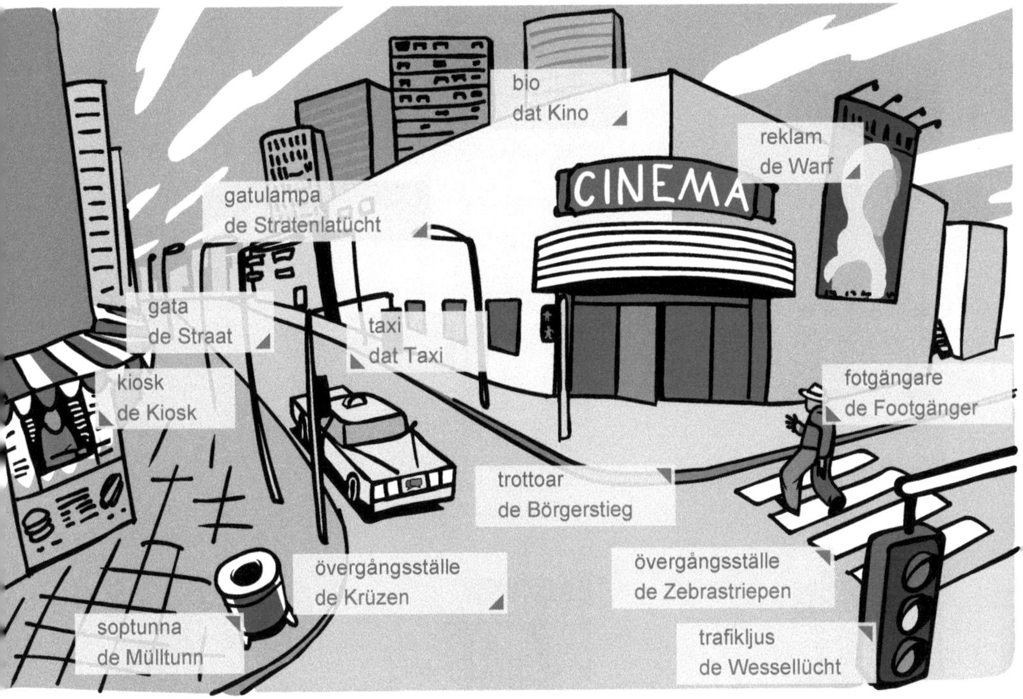

bio
dat Kino

reklam
de Warf

gatulampa
de Stratenlatücht

CINEMA

gata
de Straat

taxi
dat Taxi

fotgängare
de Footgänger

kiosk
de Kiosk

trottoar
de Börgerstieg

övergångsställe
de Krüzen

övergångsställe
de Zebrastriepen

soptunna
de Mülltunn

trafikljus
de Wessellücht

stuga
de Hütt

lägenhet
de Wahnung

tågstation
de Bahnhoff

stadshus
dat Raathuus

museum
dat Museum

skola
de School

universitet

de Universität

bank

de Bank

sjukhus

dat Krankenhuus

hotell

dat Hotel

apotek

de Afteek

kontor

dat Büro

bokhandel

de Bookhökerie

affär

de Hökerie

blomsterbutik

de Blomenhökerie

stormarknad

de Supermarkt

marknad

de Markt

varuhus

dat Koophuus

fiskhandlare

de Fischhökerie

köpcentrum

dat Inkoopszentrum

hamn

de Haven

stad - de Stadt

park
de Parkanlaag

bänk
de Bank

brygga
de Brüch

trappa
de Trepp

tunnelbana
de Ünnergrundbahn

tunnel
de Tunnel

busshållplats
de Busstoppsteed

bar
de Bar

restaurang
dat Spieslokal

brevlåda
de Breefkassen

gatuskylt
dat Stratenschild

parkeringsautomat
de Parkklock

zoo
de Deertenpark

simbassäng
de Baadanstalt

moské
de Moschee

stad - de Stadt

bondgård
de Buernhoff

förorening
de Ümweltversmudden

kyrkogård
de Karkhoff

kyrka
de Kark

lekplats
de Speelplatz

tempel
de Tempel

landskap
de Landschop

löv
dat Blatt

vägskylt
de Wiespahl

väg
de Weg

äng
de Wisch

sten
de Steen

träd
de Boom

liftare
de Wannerer

flod
de Fluss

gräs
dat Gras

blomma
de Bloom

dal
....
dat Daal

kulle
....
de Barg

sjö
....
de See

skog
....
dat Holt

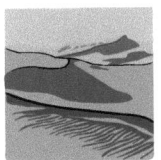

öken
....
de Wööst

vulkan
....
de Füerspien Barg

slott
....
dat Slott

regnbåge
....
de Regenbagen

svamp
....
de Poggenstohl

palm
....
de Palm

mygga
....
de Steekmück

fluga
....
de Fleeg

myra
....
de Miegeemk

bi
....
de Imm

spindel
....
de Spinn

landskap - de Landschop

skalbagge

de Sebber

groda

de Pogg

ekorre

de Katteker

igelkott

de Swienegel

hare

de Haas

uggla

de Uul

fågel

de Vagel

svan

de Swaan

vildsvin

dat Wildswien

rådjur

de Hirsch

älg

de Elk

damm

de Staudamm

vindkraftverk

dat Windrad

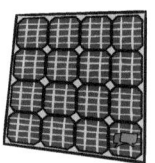

solcellspanel

dat Solarmodul

klimat

dat Klima

restaurang
dat Spieslokal

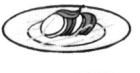

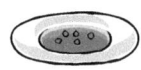

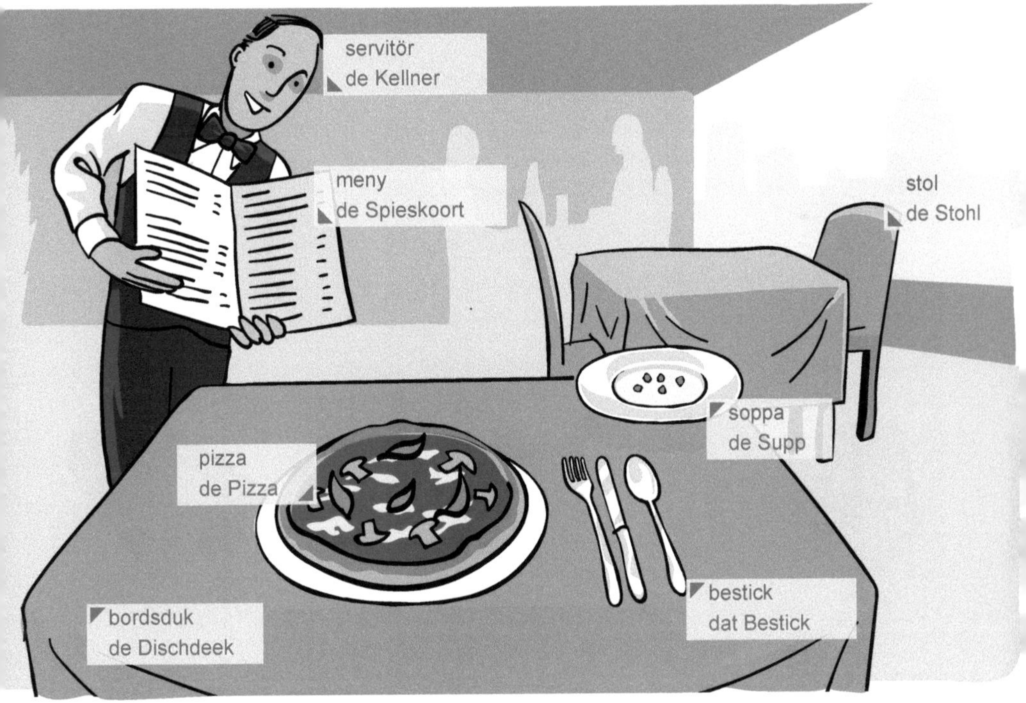
servitör
de Kellner
meny
de Spieskoort
stol
de Stohl
soppa
de Supp
pizza
de Pizza
bestick
dat Bestick
bordsduk
de Dischdeek

förrätt

de Vörspies

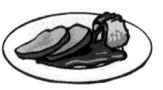

huvudrätt

dat Haupteten

dessert

de Nadisch

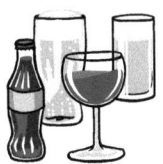

drycker

de Drünk

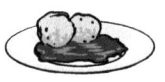

mat

dat Eten

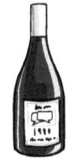

flaska

de Buddel

snabbmat

dat Fastfood

street food

dat Strateneten

tekanna

de Teekann

sockerskål

de Zuckerdoos

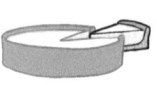

portion

de Portschoon

espressomaskin

de Espressomaschien

barnstol

de Hoochstohl

räkning

de Reken

bricka

dat Tablett

kniv

dat Mess

gaffel

de Gavel

sked

de Lepel

tesked

de Teelepel

servett

dat Munddook

glas

dat Glas

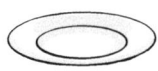

tallrik

de Töller

sopptallrik

de Suppentöller

tefat

de Ünnertass

sås

de Sooß

saltkar

de Soltstreuer

pepparkvarn

de Pepermöhl

vinäger

de Etig

olja

dat Ööl

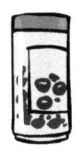

kryddor

de Krüder

ketchup

de Ketchup

senap

de Mostrich

majonnäs

de Mayonnaise

stormarknad
de Supermarkt

specialerbjudande
dat Anbott
kund
de Kunn
FOR
mejeriprodukter
de Melkprodukten
frukt
dat Aaft
varukorg
de Inkoopswagen

BUTCHERS

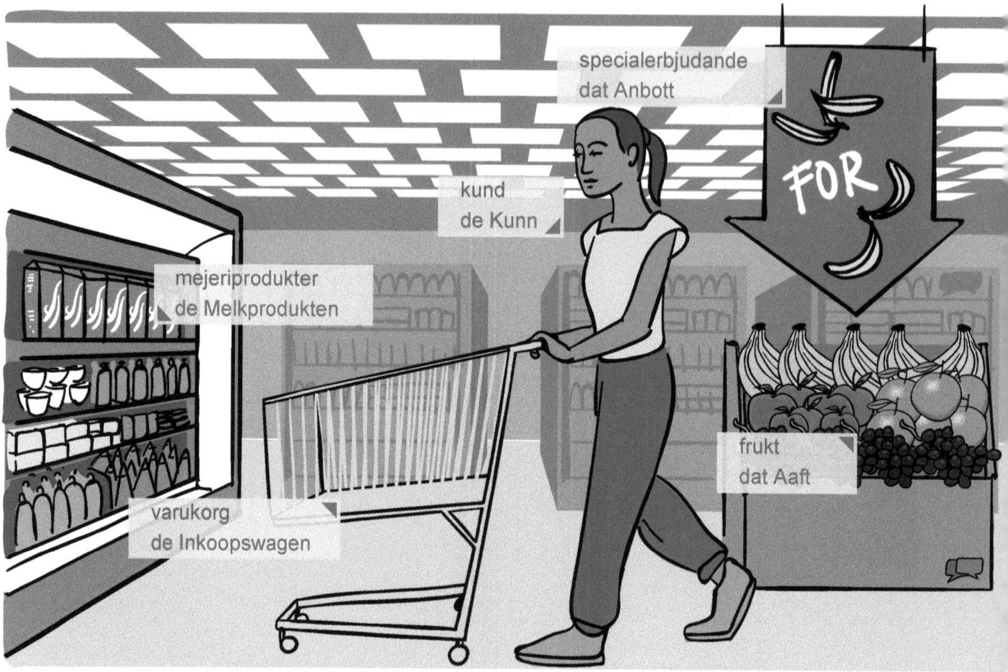

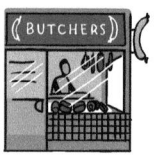

charkuteri
de Slachterie

BAKERY

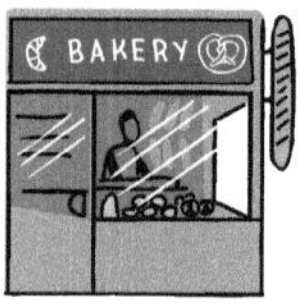

bageri
de Bäckerie

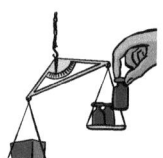

väga
wegen

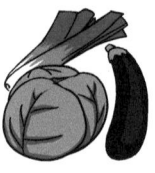

grönsaker
de Gröönsaken

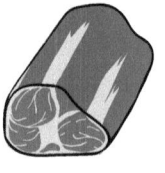

kött
dat Fleesch

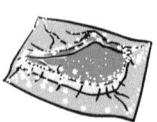

frysta livsmedel
de Deepköhlkost

pålägg
de Opsnitt

konserver
de Konserven

tvättmedel
de Waschmiddel

godis
de Snoopkraam

hushållsprodukter
de Huushooltssaken

rengöringsmedel
de Reinmaaktüüch

försäljare
de Verköpersche

kassa
de Kass

kassör
de Kasserer

inköpslista
de Inkoopslist

öppettider
de Opsparrtieden

plånbok
de Breeftasch

kreditkort
de Kreditkoort

väska
de Tasch

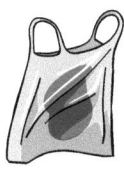

plastpåse
de Plastiktüüt

vatten

dat Water

juice

de Saft

mjölk

de Melk

cola

de Cola

vin

de Wien

öl

dat Beer

alkohol

de Spriet

kakao

de Kakao

te

de Tee

kaffe

de Koffie

espresso

de Espresso

cappuccino

de Cappucino

banan
de Banaan

äpple
de Appel

apelsin
de Appelsien

melon
de Meloon

citron
de Zitroon

morot
de Wöttel

vitlök
de Knuuvlook

bambu
de Bambus

lök
de Zibbel

svamp
de Poggenstohl

nötter
de Nööt

nudlar
de Nudeln

spaghetti

de Spaghetti

ris

de Ries

sallad

de Salat

pommes frites

de Pommes frites

stekt potatis

de Braadkantüffeln

pizza

de Pizza

hamburgare

de Hamborger

smörgås

dat Sandwich

schnitzel

dat Snitzel

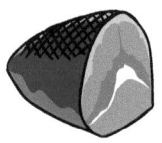

skinka

de Schinken

salami

de Salami

korv

de Wust

kyckling

dat Hohn

stek

de Braden

fisk

de Fisch

havregryn

de Haverflocken

müsli

dat Müsli

cornflakes

de Cornflakes

mjöl

dat Mehl

croissant

de Croissant

fralla

dat Rundstück

bröd

dat Broot

rostat bröd

dat Toast

kex

de Keksen

smör

de Botter

kvarg

de Quark

kaka

de Koken

ägg

dat Ei

stekt ägg

dat Spegelei

ost

de Kees

glass

de Ies

socker

de Zucker

honung

de Honnig

sylt

de Marmelaad

nougatkräm

de Nougat-Creme

curry

dat Curry

mat - dat Eten

bondgård
de Buernhoff

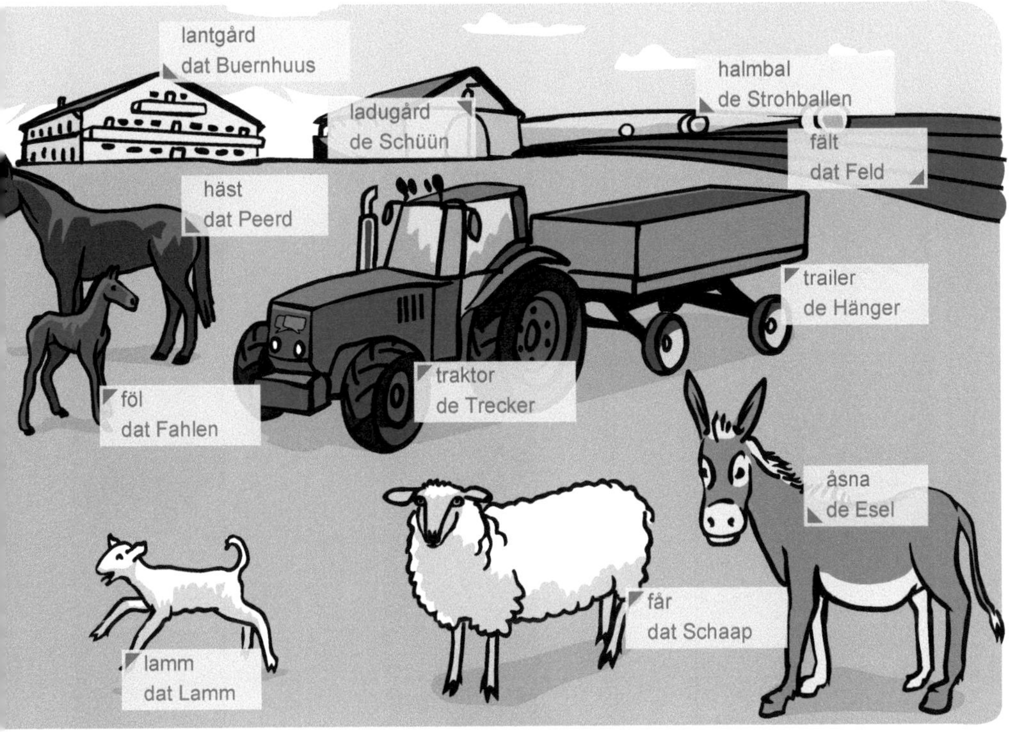
lantgård
dat Buernhuus
ladugård
de Schüün
halmbal
de Strohballen
fält
dat Feld
häst
dat Peerd
trailer
de Hänger
traktor
de Trecker
föl
dat Fahlen
åsna
de Esel
får
dat Schaap
lamm
dat Lamm

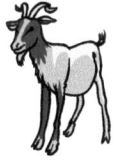

get
de Zeeg

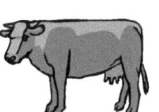

ko
de Koh

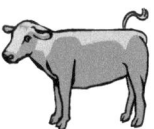

kalv
dat Kalf

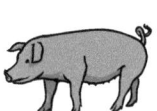

gris
dat Swien

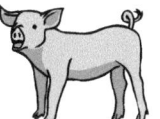

griskulting
dat Farken

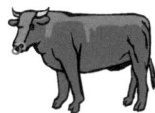

tjur
de Bull

gås
de Goos

anka
de Aant

kyckling
dat Küken

höna
dat Hohn

tupp
de Hahn

råtta
de Rott

katt
de Katt

mus
de Muus

oxe
de Oss

hund
de Hund

hundkoja
de Hunnenhütt

trädgårdsslang
de Goornslauch

vattenkanna
de Geetkann

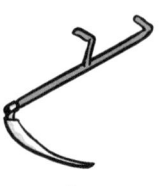

lie
de Lee

plog
de Ploog

skära

de Sich

hacka

de Hack

högaffel

de Mestfork

yxa

de Ext

skottkärra

de Schuufkoor

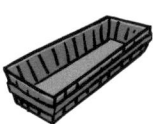

tråg

de Trog

mjölkflaska

de Melkkann

säck

de Sack

staket

de Tuun

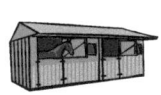

stall

de Stall

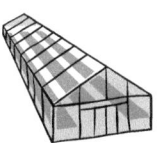

växthus

dat Drievhuus

jord

de Bodden

säd

de Saat

gödsel

de Dünger

skördetröska

de Meihdöscher

skörda

oornen

skörd

de Oorn

jams

de Yamswöttel

vete

de Weten

soja

dat Soja

potatis

de Kantüffel

majs

de Törksche Weten

raps

de Rapp

fruktträd

de Aaftboom

maniok

de Troopsch Kantüffel

spannmål

dat Koorn

hus
dat Huus

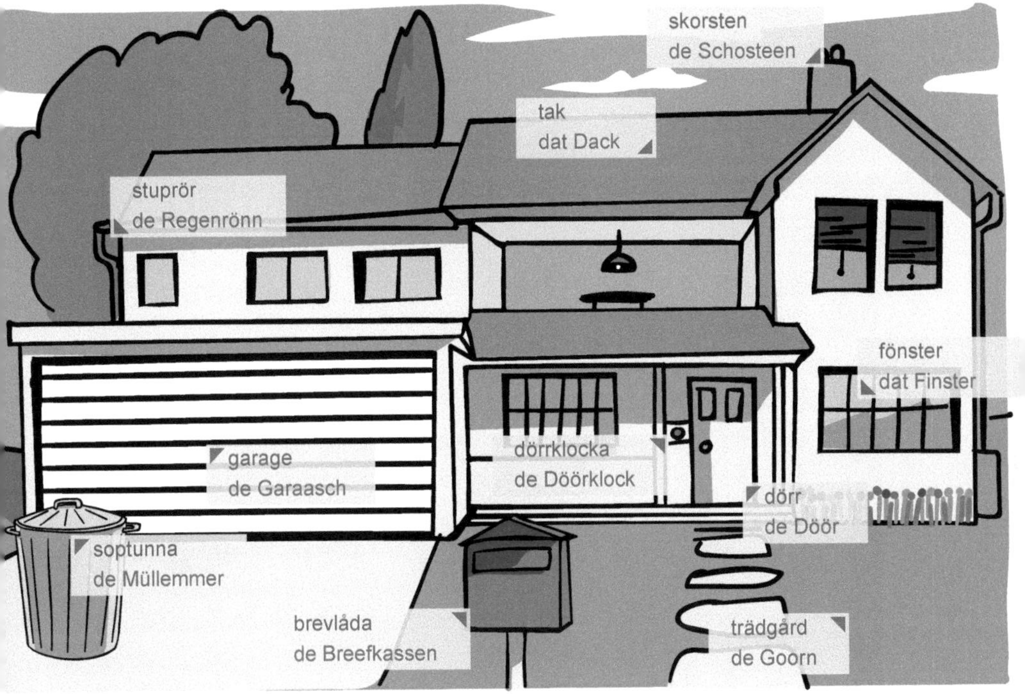
skorsten
de Schosteen
tak
dat Dack
stuprör
de Regenrönn
fönster
dat Finster
dörrklocka
de Döörklock
garage
de Garaasch
dörr
de Döör
soptunna
de Müllemmer
brevlåda
de Breefkassen
trädgård
de Goorn

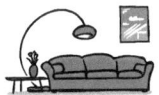

vardagsrum

de Wahnstuuv

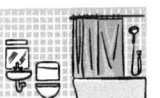

badrum

de Baadstuuv

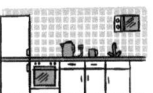

kök

de Köök

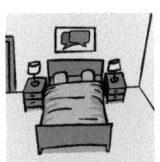

sovrum

de Slaapstuuv

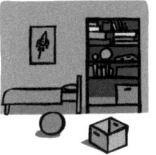

barnrum

de Kinnerstuuv

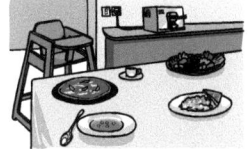

matsal

de Eetstuuv

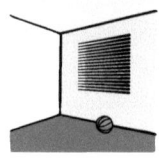

golv

de Footbodden

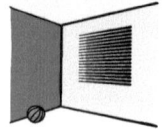

vägg

de Wand

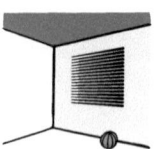

tak

de Deek

källare

de Keller

bastu

dat Hittluftbad

balkong

de Balkon

terrass

de Terrass

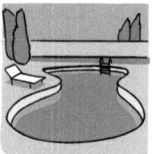

bassäng

dat Swümmbad

gräsklippare

de Rasenmeiher

lakan

de Bettbetog

överkast

de Bettdeek

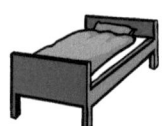

säng

de Puuch

kvast

de Bessen

hink

de Emmer

strömbrytare

de Schalter

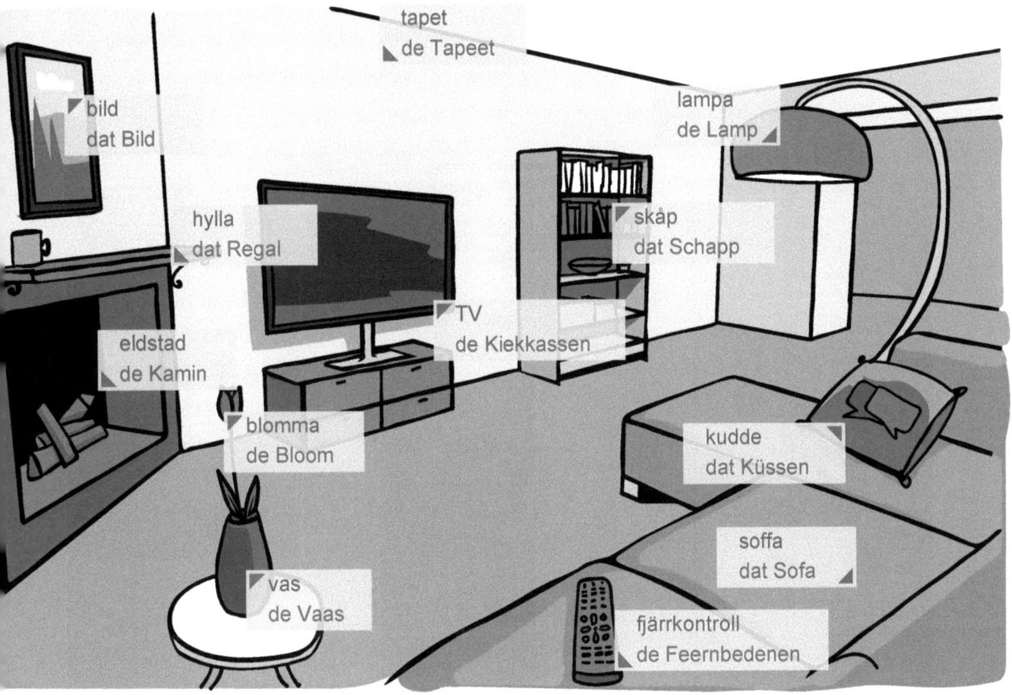

tapet
de Tapeet

bild
dat Bild

lampa
de Lamp

hylla
dat Regal

skåp
dat Schapp

eldstad
de Kamin

TV
de Kiekkassen

blomma
de Bloom

kudde
dat Küssen

soffa
dat Sofa

vas
de Vaas

fjärrkontroll
de Feernbedenen

matta
de Teppich

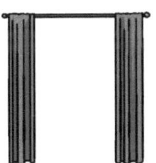

gardin
de Vörhang

bord
de Disch

stol
de Stohl

gungstol
de Schuckelstohl

fåtölj
de Sessel

bok

dat Book

filt

de Deek

dekoration

de Dekoratschoon

vedträ

dat Füerholt

film

de Film

stereoanläggning

de Stereoanlaag

nyckel

de Slötel

dagstidning

dat Narichtenblatt

målning

dat Gemälde

poster

dat Poster

radio

dat Radio

anteckningsbok

de Opschrievblock

dammsugare

de Huulbessen

kaktus

de Kaktus

stearinljus

de Kars

kök
de Köök

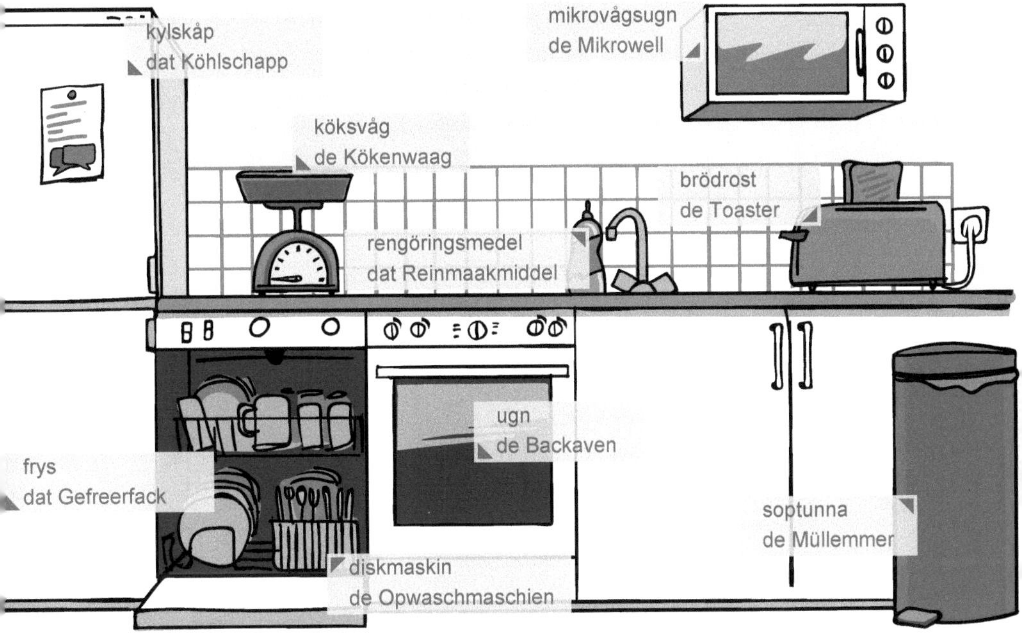
kylskåp
dat Köhlschapp
mikrovågsugn
de Mikrowell
köksvåg
de Kökenwaag
brödrost
de Toaster
rengöringsmedel
dat Reinmaakmiddel
ugn
de Backaven
frys
dat Gefreerfack
soptunna
de Müllemmer
diskmaskin
de Opwaschmaschien

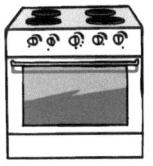

spis
de Heerd

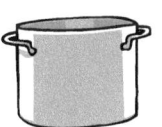

kastrull
de Pott

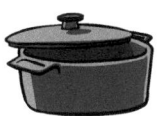

järngryta
de Gussiesern Putt

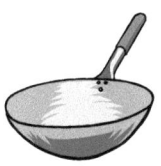

wok / kadai
de Wok / Kadai

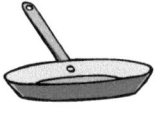

stekpanna
de Pann

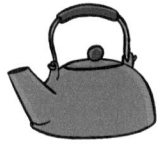

vattenkokare
de Waterkaker

ångkokare

de Dampkaakputt

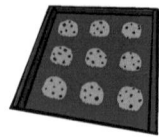

bakplåt

dat Backblick

porslin

dat Geschirr

mugg

de Beker

skål

de Schaal

ätpinnar

de Eetsticken

soppslev

de Suppenkell

stekspade

de Pannenwenner

visp

de Sneebessen

durkslag

dat Kaakseef

sil

dat Seef

rivjärn

de Riev

mortel

de Mörser

grill

de Grill

brasa

de Füerstell

skärbräda
dat Sniedbrett

kavel
dat Nudelholt

korkskruv
de Proppentrecker

burk
de Doos

burköppnare
de Dosenaapner

grytlapp
de Pottlappen

vask
dat Waschbecken

borste
de Böst

svamp
de Swamm

mixer
de Mixer

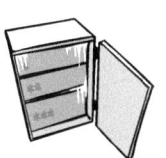

frys
dat Iesschapp

nappflaska
de Nuckelbuddel

kran
de Waterhahn

badrum
de Baadstuuv

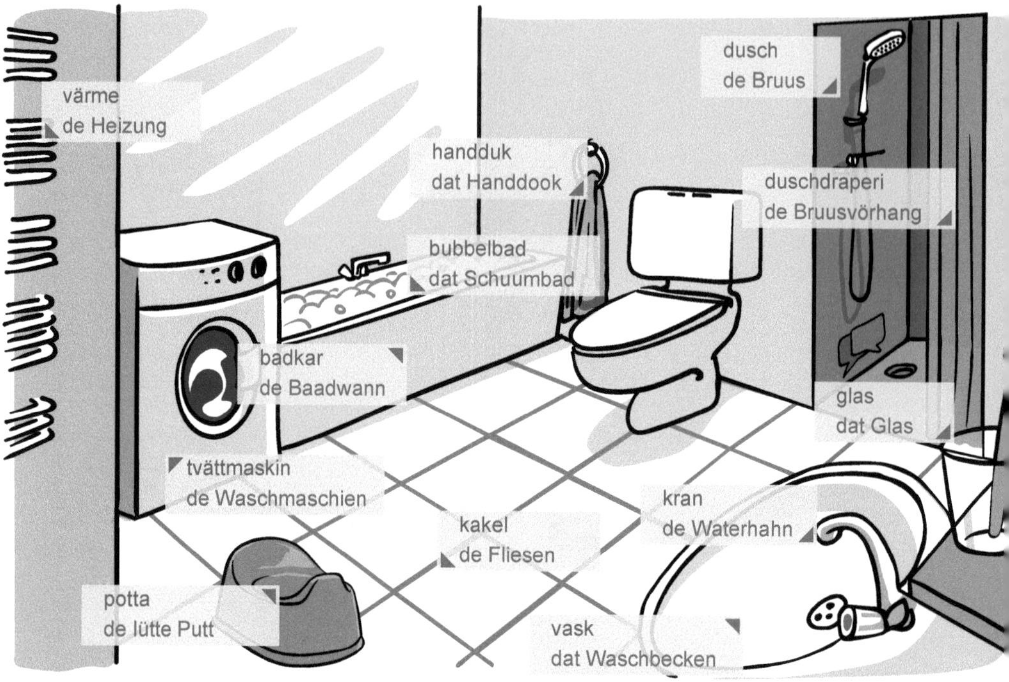

värme
de Heizung
dusch
de Bruus
handduk
dat Handdook
duschdraperi
de Bruusvörhang
bubbelbad
dat Schuumbad
badkar
de Baadwann
glas
dat Glas
tvättmaskin
de Waschmaschien
kran
de Waterhahn
kakel
de Fliesen
potta
de lütte Putt
vask
dat Waschbecken

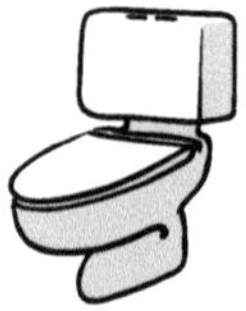

toalett

de Tante Meier

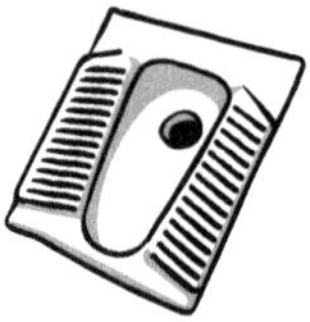

låg toalett

de Hockklo

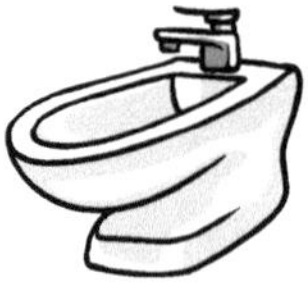

bidet

dat Bidet

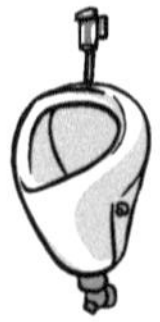

pissoar

dat Miegbecken

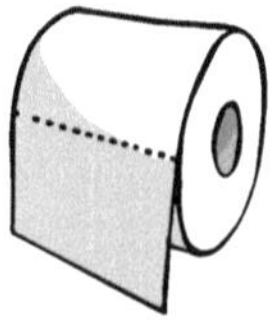

toalettpapper

dat Klopapeer

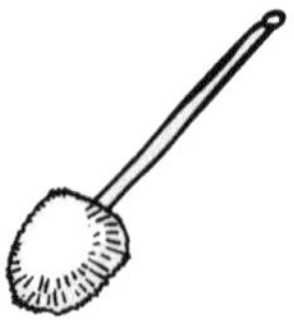

toalettborste

de Kloböst

tandborste
de Tähnböst

tandkräm
de Tähnpast

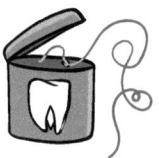

tandtråd
de Tähnsied

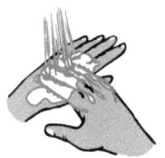

tvätta
waschen

handdusch
de Handbruus

intimdusch
de Intimbruus

handfat
de Waschschöttel

ryggborste
de Rüchböst

tvål
de Seep

duschgel
dat Bruusgeel

schampo
dat Hoorwaschmiddel

trasa
de Waschlappen

avlopp
de Afloop

crème
de Creme

deodorant
dat Deodorant

spegel
de Spegel

handspegel
de Kosmetikspegel

rakhyvel
de Raserer

raklödder
de Raseerschuum

rakvatten
dat Raseerwater

kam
de Kamm

borste
de Böst

hårtork
de Hoordröger

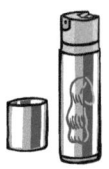

hårspray
dat Hoorspray

smink
de Smink

läppstift
de Lippensticken

nagellack
de Nagellack

bomullsvadd
de Watt

nagelsax
de Nagelscheer

parfym
dat Rüükwater

necessär

de Kulturbüdel

pall

de Schemel

våg

de Waag

badrock

de Baadmantel

gummihandskar

de Gummihanschen

tampong

de Tampon

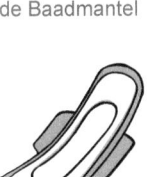

binda

de Damenbinn

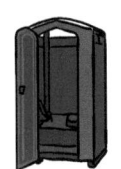

kemisk toalett

dat Chemieklo

barnrum
de Kinnerstuuv

väckarklocka
de Wecker
gosedjur
dat Knudeldeert
leksaksbil
dat Speeltüüchauto
skallra
de Klöter
dockhus
dat Poppenhuus
present
dat Geschenk

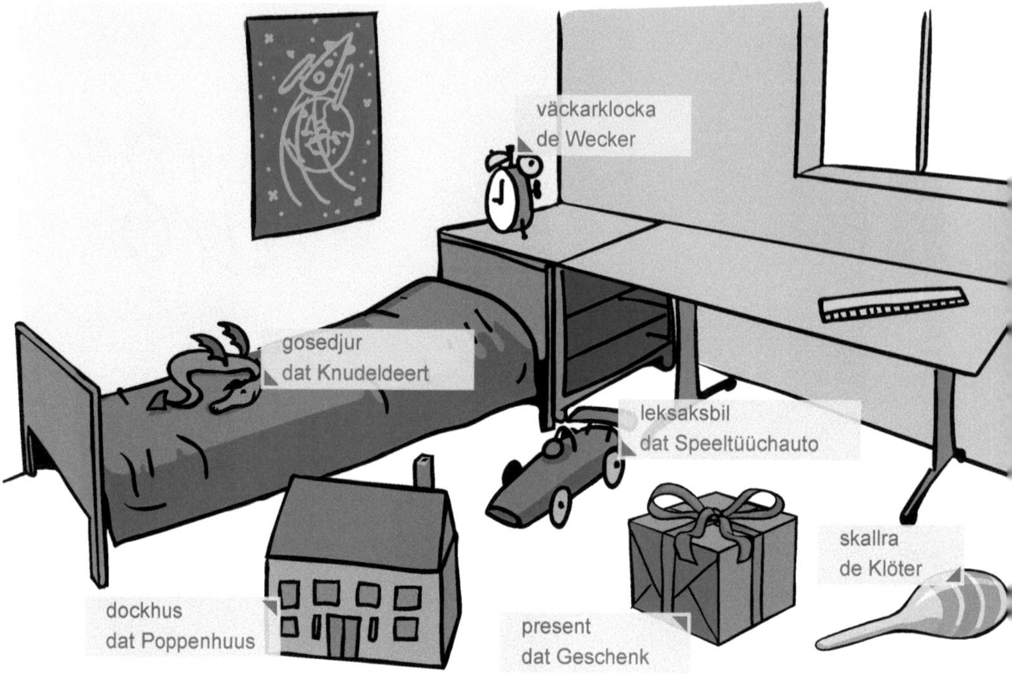

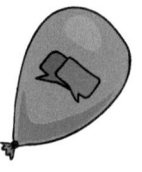

ballong
de Luftballon

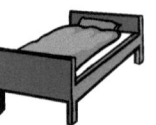

säng
de Puuch

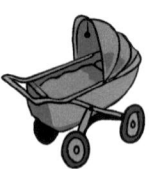

barnvagn
de Kinnerwagen

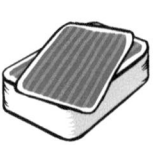

kortlek
dat Koortenspeel

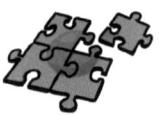

pussel
dat Puzzle

SUPER MEGA

serietidning
de Billergeschicht

legobitar

de Legostenen

klossar

de Bustenen

actionfigur

de Action-Figur

sparkdräkt

de Strampelantog

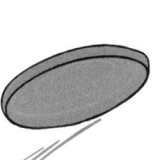

frisbee

de Frisbeeschiev

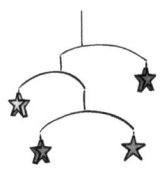

mobil

dat Mobile

brädspel

dat Brettspeel

tärning

de Wörpel

modelljärnväg

de Modelliesenbahn

napp

de Snuller

party

de Party

bilderbok

dat Billerbook

boll

de Ball

docka

de Popp

spela

spelen

sandlåda

de Sandkassen

gunga

de Schuckel

leksaker

dat Speeltüüch

spelkonsol

de Speelkonsool

trehjuling

dat Dreerad

nalle

de Teddyboor

garderob

dat Klederschapp

kläder

dat Tüüch

sockar

de Socken

strumpor

de Strümp

tights

de Strumpbüx

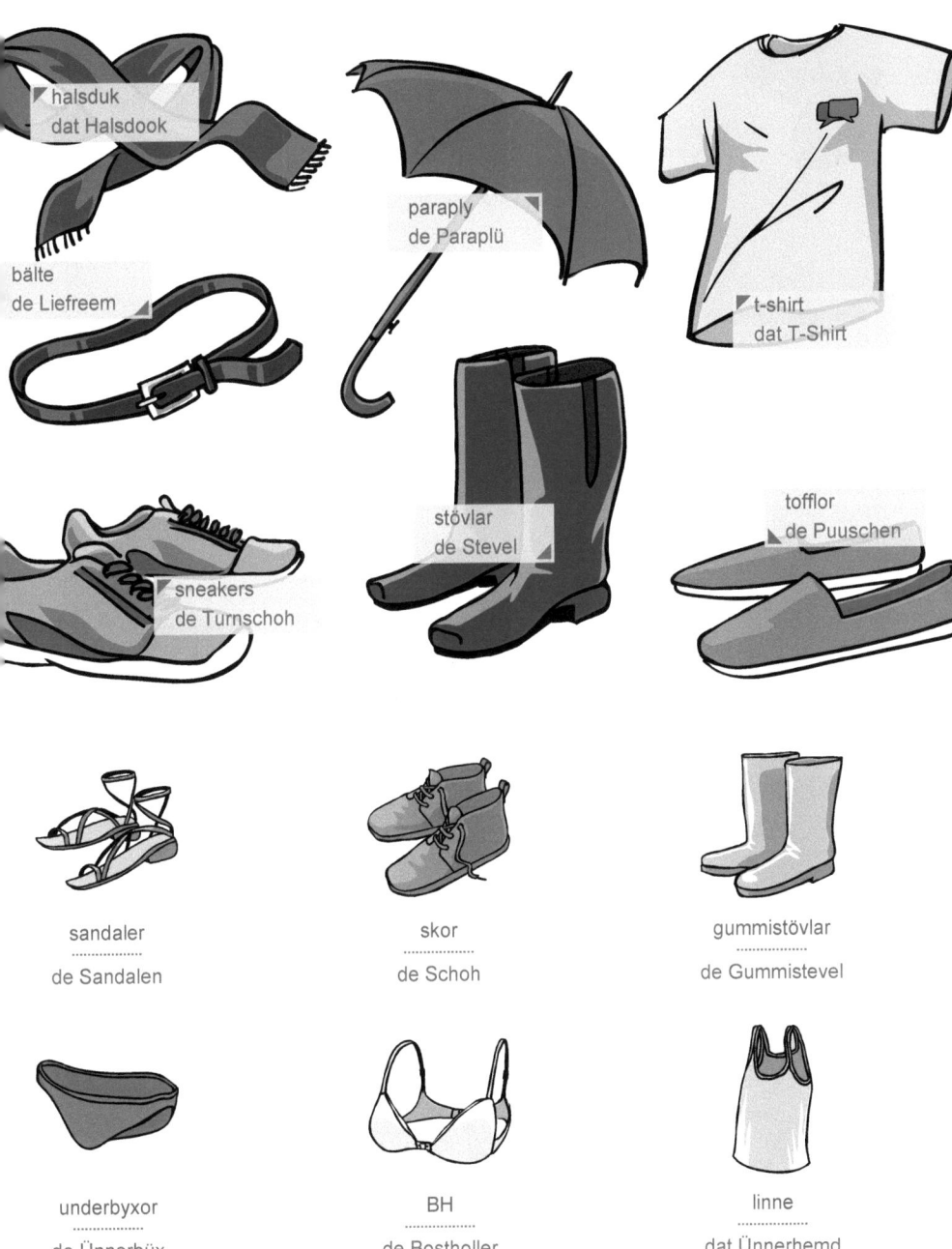

halsduk
dat Halsdook

paraply
de Paraplü

t-shirt
dat T-Shirt

bälte
de Liefreem

stövlar
de Stevel

tofflor
de Puuschen

sneakers
de Turnschoh

sandaler
de Sandalen

skor
de Schoh

gummistövlar
de Gummistevel

underbyxor
de Ünnerbüx

BH
de Bostholler

linne
dat Ünnerhemd

body
de Lief

byxor
de Büx

jeans
de Jeansnüx

kjol
de Rock

blus
de Bluus

skjorta
dat Hemd

pullover
de Pullover

sweater
de Kapuzenpullover

blazer
de Blazer

jacka
de Jack

kappa
de Mantel

regnjacka
de Övertrecker

dräkt
dat Kostüm

klänning
dat Kleed

bröllopsklänning
dat Hochtietskleed

kläder - dat Tüüch

kostym
de Antog

nattlinne
dat Nachtkleed

pyjamas
de Slaapantog

sari
de Sari

slöja
dat Koppdook

turban
de Turban

burka
de Burka

kaftan
de Kaftan

abaya
de Abaya

baddräkt
de Baadantog

badbyxor
de Baadbüx

shorts
de Korte Büx

träningsoverall
de Antog to'n Öven

förkläde
de Schört

handskar
de Handschoh

knapp

de Knopp

glasögon

de Brill

armband

dat Armband

halsband

de Halskeed

ring

de Ring

örhänge

de Ohrbummel

mössa

de Mütz

galge

de Klederbögel

hatt

de Hoot

slips

de Binner

dragkedja

de Rietslüter

hjälm

de Helm

hängslen

dat Drachtband

skoluniform

de Schooluniform

uniform

de Uniform

haklapp

de Severböten

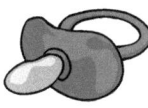

napp

de Snuller

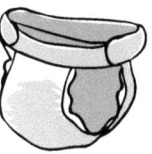

blöja

de Winnel

kontor

dat Büro

dokumentskåp
dat Aktenschapp

server
de Server

skrivare
de Drucker

apper
at Papeer

bildskärm
de Bildschirm

skrivbord
de Schrievdisch

mus
de Muus

mapp
de Orner

tangentbord
dat Knoopboord

papperskorg
de Papeerkorf

dator
de Computer

stol
de Stohl

kaffemugg

de Koffiebeker

miniräknare

de Taschenreekner

internet

dat Internet

bärbar dator

de Klappreekner

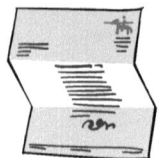

brev

de Breef

meddelande

de Naricht

mobiltelefon

de Ackersnacker

nätverk

dat Nettwark

kopieringsapparat

de Kopeerapparat

programvara

de Software

telefon

de Klöönkassen

vägguttag

de Steekdoos

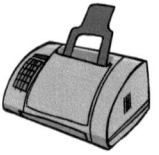

fax

de Faxapparat

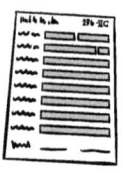

blankett

dat Formulor

dokument

dat Dokument

köpa

köpen

betala

betahlen

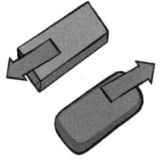

handla

hanneln

pengar

dat Geld

 **USD**

dollar

de Dollar

 **EUR**

euro

de Euro

 **JPY**

yen

de Yen

 **RUB**

rubel

de Ruvel

 **CHF**

schweizisk franc

de Swiezer Franken

 **CNY**

renminbi yan

de Renminbi Yuan

 **INR**

rupie

de Rupie

bankomat

de Geldautomat

växelkontor

de Wesselstuuv

guld

dat Gold

silver

dat Sülver

olja

dat Ööl

energi

de Energie

pris

de Pries

kontrakt

de Verdrag

skatt

de Stüer

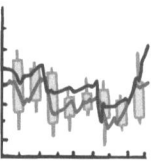

aktie

de Andeelschien

arbeta

arbeiden

anställd

de Anstellte

arbetsgivare

de Arbeitgever

fabrik

de Fabrik

affär

de Hökerie

polis
de Wachtmeester

brandman
de Füerwehrmann

kock
de Kock

läkare
de Dokter

pilot
de Fleger

trädgårdsmästare

de Goorner

snickare

de Discher

sömmerska

de Neihersche

domare

de Richter

kemist

de Chemiker

skådespelare

de Schauspeler

busschaufför

de Busfohrer

taxichaufför

de Taxifohrer

fiskare

de Fischer

städerska

de Reinmaakfru

takläggare

de Dackdecker

servitör

de Kellner

jägare

de Jäger

målare

de Maler

bagare

de Bäcker

elektriker

de Elektriker

byggarbetare

de Buarbeider

ingenjör

de Ingenieur

slaktare

de Slachter

rörmokare

de Klempner

brevbärare

de Postbüdel

soldat

de Suldat

arkitekt

de Architekt

kassör

de Kasserer

florist

de Florist

frisör

de Putzbüdel

konduktör

de Schaffner

mekaniker

de Mechaniker

kapten

de Kaptein

tandläkare

de Tähndokter

vetenskapsman

de Wetenschopler

rabbin

de Rabbi

imam

de Imam

munk

de Mönk

präst

de Paap

verktyg
dat Warktüüch

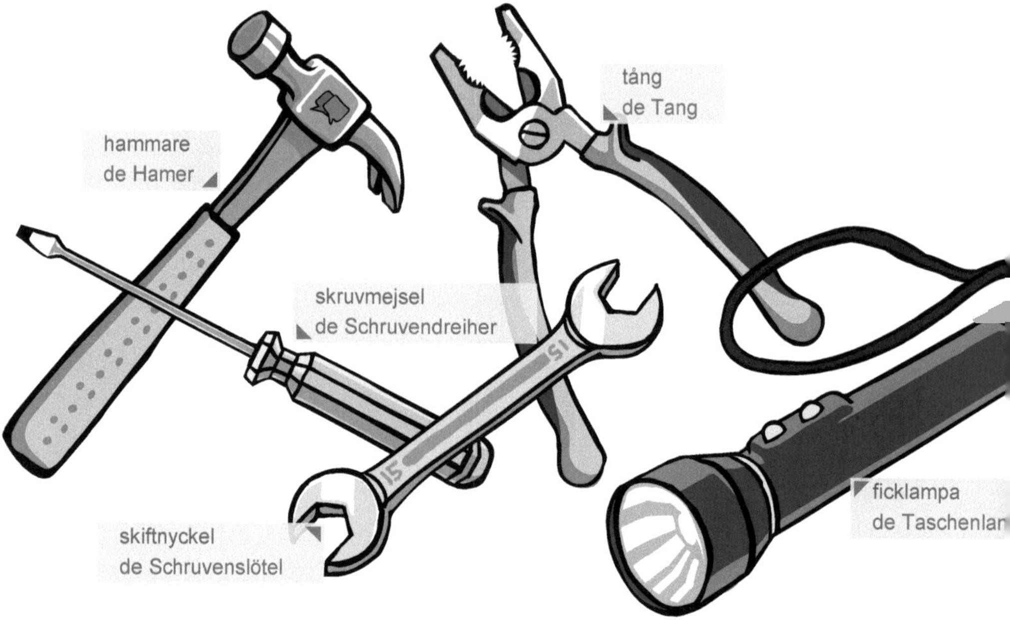
hammare
de Hamer
tång
de Tang
skruvmejsel
de Schruvendreiher
skiftnyckel
de Schruvenslötel
ficklampa
de Taschenlan

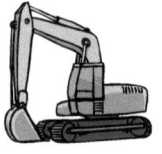

grävmaskin

de Grieper

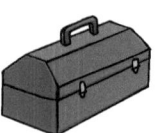

verktygslåda

de Warktüüchkassen

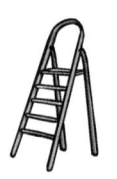

stege

de Ledder

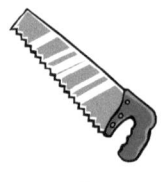

såg

de Saag

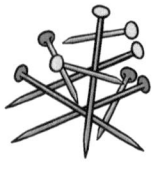

spik

de Nagels

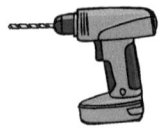

borr

de Bohrer

reparera

heelmaken

spade

de Schüffel

Helvete!

Schiet!

sopskyffel

dat Kehrblick

färgburk

de Farvpott

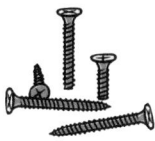

skruvar

de Schruven

musikinstrument
de Musikinstrumenten

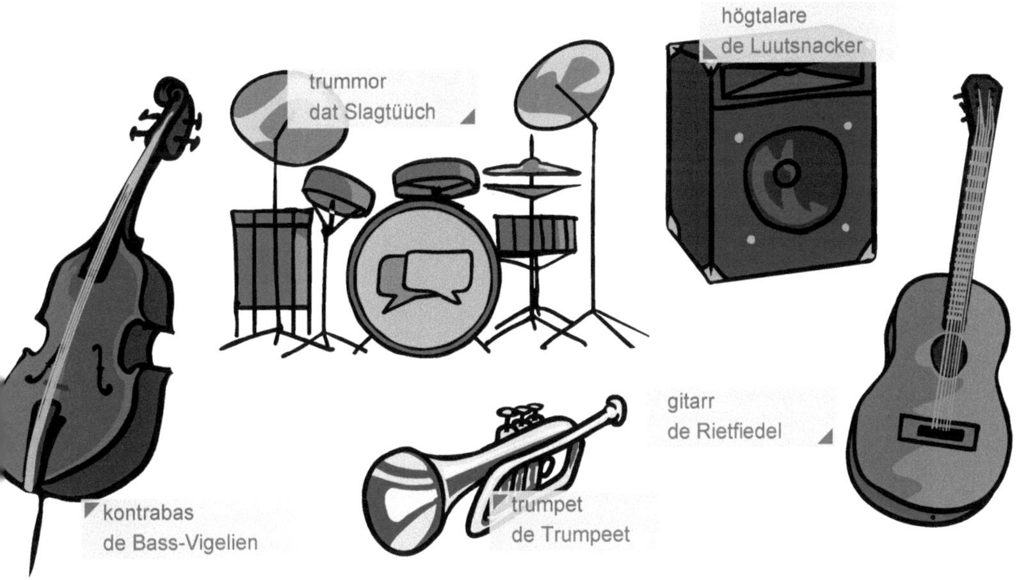

trummor
dat Slagtüüch

högtalare
de Luutsnacker

gitarr
de Rietfiedel

kontrabas
de Bass-Vigelien

trumpet
de Trumpeet

piano

dat Klaveer

violin

de Vigelien

bas

de Bass

timpani

de Pauk

trumma

de Trummeln

keyboard

dat Keyboard

saxofon

dat Saxophon

flöjt

de Fleut

mikrofon

dat Mikrofoon

tiger
de Tiger

ingång
de Ingang

bur
de Käfig

zebra
dat Zebra

djurfoder
dat Deertenfoder

panda
de Panda-Boor

djur
de Deerten

elefant
de Elefant

känguru
dat Känguru

noshörning
dat Neeshoorn

gorilla
de Gorilla

björn
de Boor

kamel

dat Kameel

struts

de Struuß

lejon

de Lööv

apa

de Aap

flamingo

de Flamingo

papegoja

de Papagoi

isbjörn

de Iesboor

pingvin

de Pinguin

haj

de Haifisch

påfågel

de Pageluun

orm

de Slang

krokodil

dat Krokodil

djurskötare

de Oppasser in'n
Deertenpark

säl

de Saalhund

jaguar

de Jaguor

ponny

dat Pony

leopard

de Leopard

flodhäst

dat Nilpeerd

giraff

de Giraff

örn

de Aadler

vildsvin

dat Wildswien

fisk

de Fisch

sköldpadda

de Schildkrööt

valross

dat Walross

räv

de Voss

gazell

de Gazell

amerikansk fotboll
de Amerikaansch Football

cykling
dat Radfohren

tennis
dat Tennis

basket
de Korfball

simning
dat Swümmen

boxning
dat Boxen

ishockey
dat Ieshockey

fotboll
de Football

badminton
dat Fedderball

friidrott
de Leichtathletik

handboll
de Handball

skidåkning
dat Skilopen

polo
dat Polo

aktiviteter
de Aktivitäten

skratta
lachen
hoppa
springen
krama
ümarmen
gå
gahn
sjunga
singen
drömma
drömen
be
beden
kyssa
snuteln

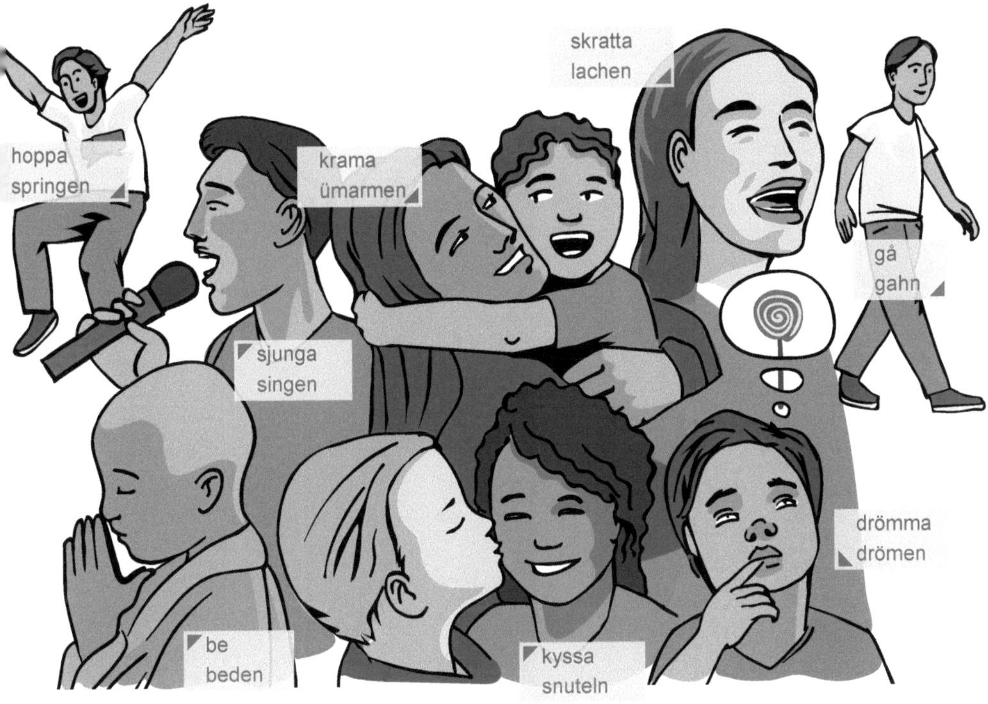

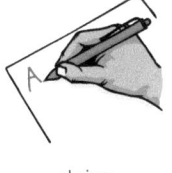

skriva
schrieven

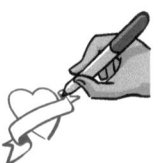

rita
teken

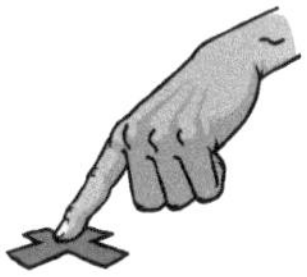

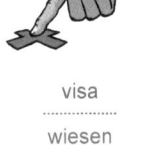

visa
wiesen

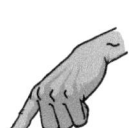

skjuta
drücken

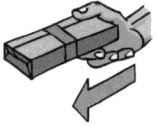

ge
geven

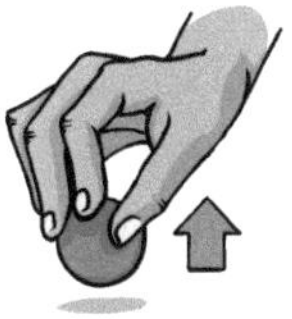

ta
nehmen

hagel
hebben

göra
doon

vara
sien

stå
stahn

springa
lopen

dra
trecken

kasta
smieten

falla
fallen

ligga
liggen

vänta
töven

bära
dregen

sitta
sitten

klä på
antrecken

sova
slapen

vakna
opwaken

se på
ankieken

gråta
wenen

smeka
eien

kamma
kämmen

prata
snacken

förstå
verstahn

fråga
fragen

höra
hören

dricka
drinken

äta
eten

städa
oprümen

älska
leefhebben

laga mat
kaken

köra
fohren

flyga
flegen

segla
....
segeln

räkna
....
reken

läsa
....
lesen

lära sig
....
lehren

arbeta
....
arbeiden

gifta sig
....
de Plünnen tohoopsmieten

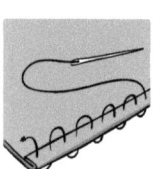

sy
....
neihen

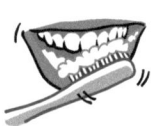

borsta tänderna
....
Tähnen putzen

döda
....
dootmaken

röka
....
smöken

skicka
....
schicken

mormor/farmor
Grootmoder

morfar/farfar
de Grootvadder

pappa
de Vadder

mamma
de Moder

baby
Winnelkind

dotter
de Dochter

son
de Söhn

gäst
de Gast

moster/faster
de Tant

farbror/morbror
de Unkel

bror
de Broder

syster
de Süster

kropp
de Lief

panna
de Vörkopp
öga
dat Oog
skuldra
de Schuller
finger
de Finger
ansikte
dat Gesicht
haka
dat Kinn
hand
de Hand
ben
dat Been
bröst
de Bost
arm
de Arm

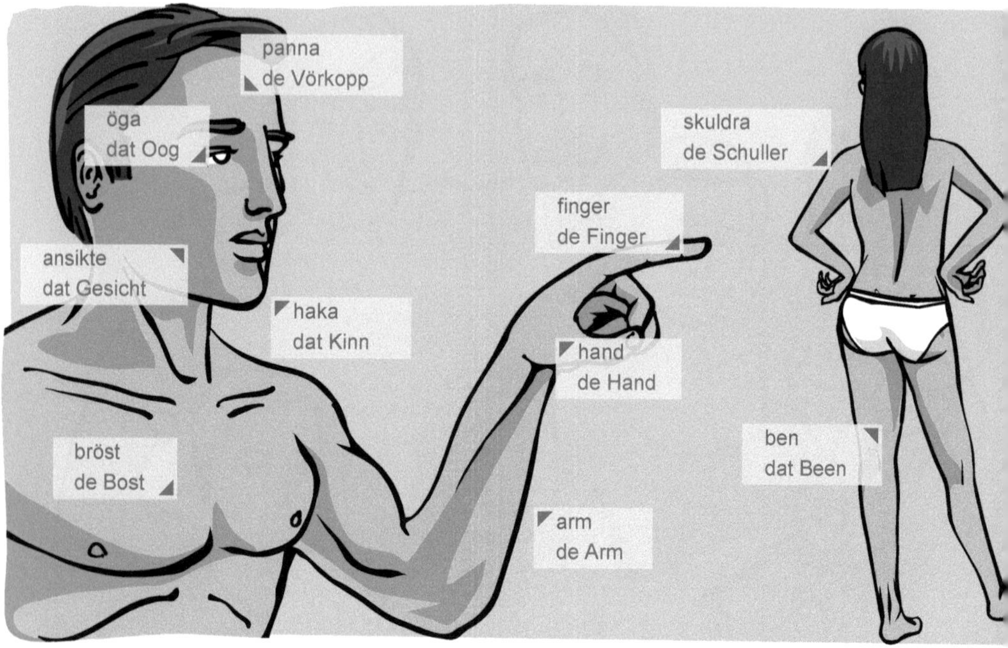

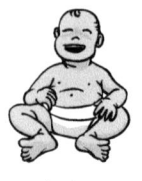

baby
dat Winnelkind

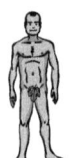

man
de Mann

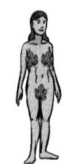

kvinna
de Fro

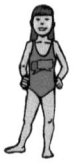

flicka
de Deern

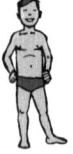

pojke
de Jung

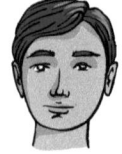

huvud
de Arm

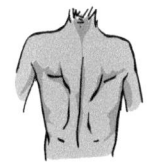

rygg

de Rüch

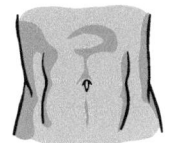

mage

de Buuk

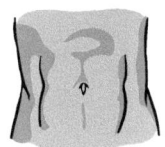

navel

de Navel

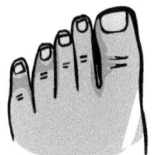

tå

de Teh

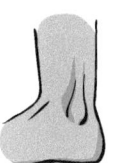

häl

de Hack

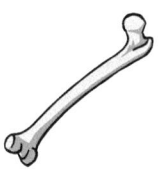

ben

de Knaken

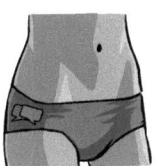

höft

de Hüft

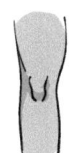

knä

dat Knee

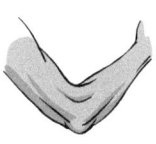

armbåge

de Ellbagen

näsa

de Nees

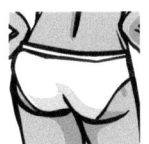

stjärt

de Achtersen

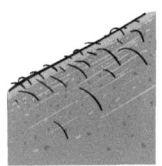

hud

de Huut

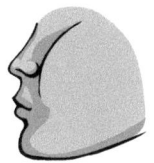

kind

de Back

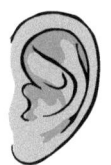

öra

dat Ohr

läpp

de Lipp

mun

de Mund

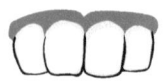

tand

de Tähn

tunga

de Tung

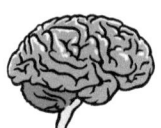

hjärna

de Bregen

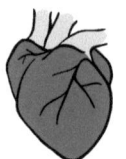

hjärta

dat Hart

muskel

de Muskel

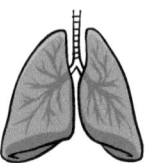

lunga

de Lung

lever

de Lever

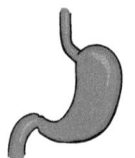

magsäck

de Maag

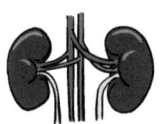

njurar

de Neren

sex

de Bislaap

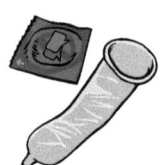

kondom

dat Kondoom

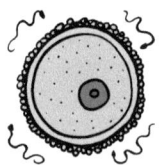

äggcell

de Eizell

sperma

dat Sperma

graviditet

de Anner Ümstänn

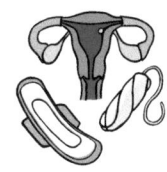

menstruation

de Menstruatschoon

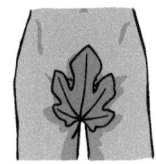

vagina

de Scheed

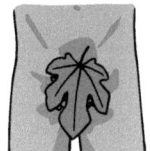

penis

de Pint

ögonbryn

de Ogenbroe

hår

dat Hoor

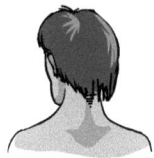

nacke

de Hals

sjukhus
dat Krankenhuus

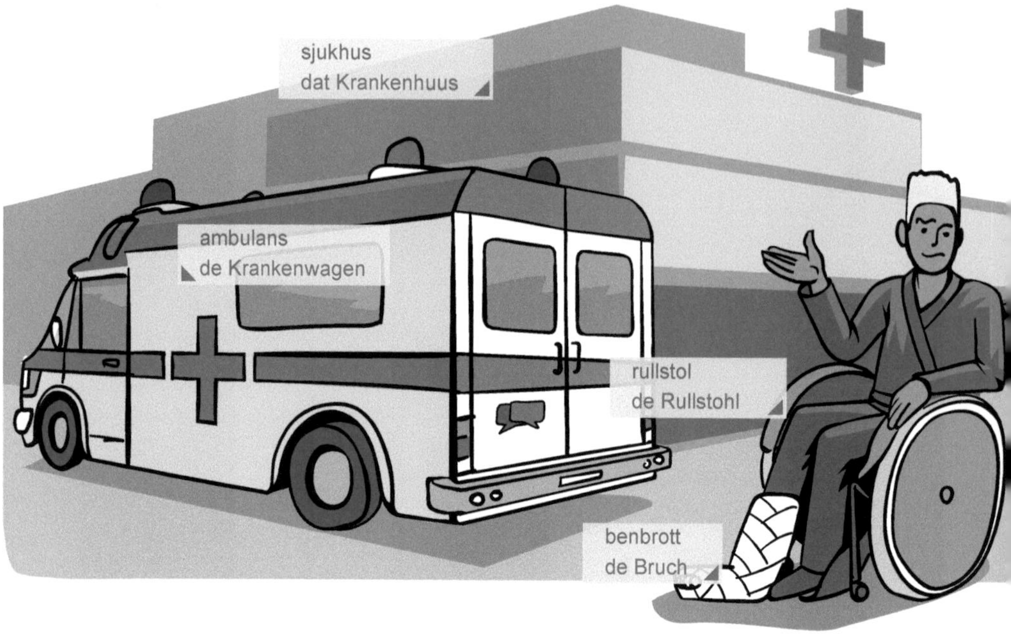

sjukhus
dat Krankenhuus
ambulans
de Krankenwagen
rullstol
de Rullstohl
benbrott
de Bruch

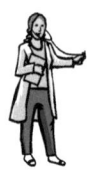

läkare
de Dokter

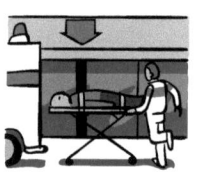

akutmottagning
de Nootopnahm

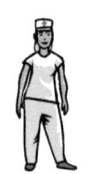

sjuksköterska
de Krankensüster

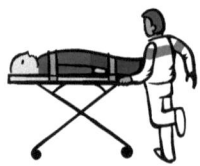

nödsituation
de Nootfall

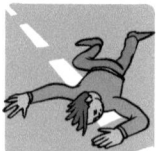

medvetslös
ahnmächtig

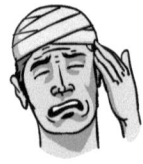

smärta
de Wehdaag

skada

de Verwunnen

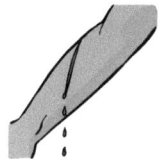

blödning

de Blöden

hjärtattack

de Hartinfarkt

slaganfall

de Slaganfall

allergi

de Allergie

hosta

de Hoosten

feber

dat Fever

influensa

de Gripp

diarré

de Dörchfall

huvudvärk

de Koppwehdaag

cancer

de Kreeft

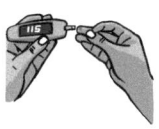

diabetes

de Zuckersüük

kirurg

de Chirurg

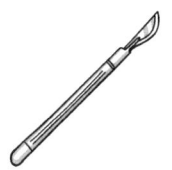

skalpell

dat Chirurgsch Mess

operation

de Operatschoon

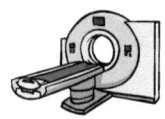

CT
dat CT

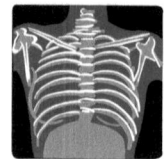

röntgen
de Dörchlüchten

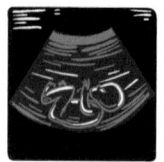

ultraljud
de Ultraschall

ansiktsmask
de Mask

sjukdom
de Krankheit

väntsal
de Töövruum

krycka
de Krück

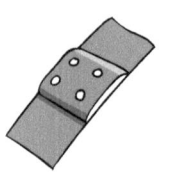

plåster
dat Plaaster

bandage
de Verband

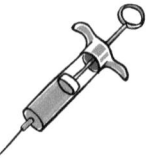

injektion
de Insprütten

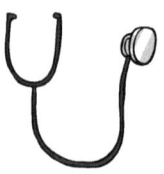

stetoskop
dat Stethoskop

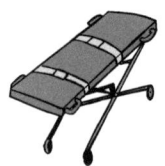

bår
de Draag

termometer
dat Feverthermometer

födsel
de Geboort

övervikt
dat Övergewicht

hörapparat

de Höörapparat

desinfektionsmedel

dat Kiemfriemiddel

infektion

de Ansteken

virus

de Virus

HIV / AIDS

dat HIV / AIDS

medicin

dat Heelmiddel

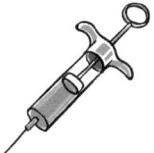

vaccination

de Impen

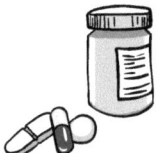

tabletter

de Tabletten

p-piller

de Pill

nödsamtal

de Nootroop

blodtrycksmätare

de Blootdruck-Meter

sjuk / frisk

krank / gesund

Hjälp!

Hölp!

alarm

de Alarm

överfall

de Överfall

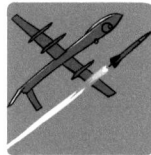

misshandel

de Angreep

fara

de Gefohr

nödutgång

de Nootutgang

Det brinner!

dat Füer!

brandsläckare

de Füerlöscher

olycka

de Unfall

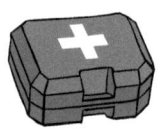

förbandslåda

de Noothölpkoffer

SOS

SOS

polis

de Polizei

Europa
Europa

Nordamerika
Noordamerika

Sydamerika
Süüdamerika

Afrika
Afrika

Asien
Asien

Australien
Australien

Atlanten
de Atlantik

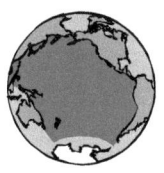

Stilla Havet
de Pazifik

Indiska Oceanen
dat Indisch Weltmeer

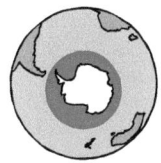

Antarktiska Oceanen
dat Antarktisch Weltmeer

Arktiska Oceanen
dat Arktisch Weltmeer

Nordpol
de Noordpol

Sydpol
de Süüdpol

Antarktis
de Antarktis

Jorden
de Eerd

land
dat Land

hav
de See

ö
dat Eiland

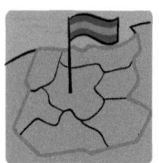

nation
de Natschoon

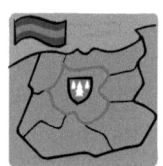

stat
de Staat

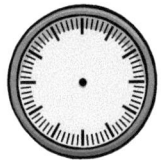

urtavla

dat Tallenblatt

timvisare

de Stunnenwieser

minutvisare

de Minutenwieser

sekundvisare

de Sekunnenwieser

Vad är klockan?

Wo laat is dat?

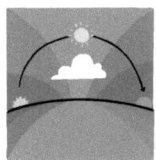

dag

de Dag

tid

de Tiet

nu

nu

digital klocka

de digetaalsch Klock

minut

de Minuut

timme

de Stunn

vecka
de Week

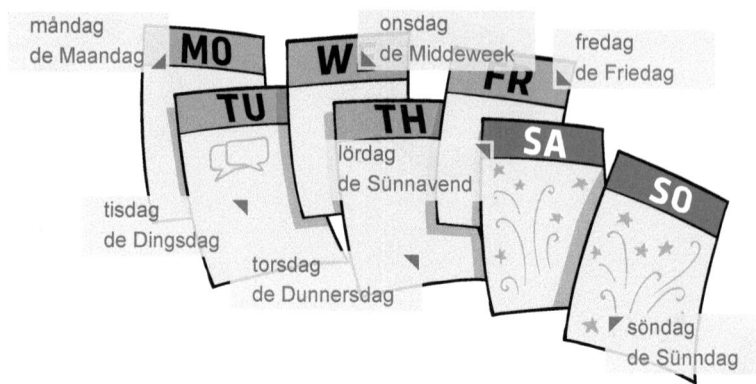

måndag
de Maandag

onsdag
de Middeweek

fredag
de Friedag

tisdag
de Dingsdag

lördag
de Sünnavend

torsdag
de Dunnersdag

söndag
de Sünndag

igår

güstern

idag

hüüt

imorgon

morgen

morgon

de Morgen

middag

de Meddag

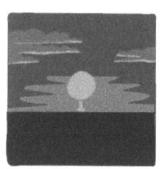

kväll

de Avend

MO	TU	WE	TH	FR	SA	SU
1	2	3	4	5	6	7
8	9	10	11	12	13	14
15	16	17	18	19	20	21
22	23	24	25	26	27	28
29	30	31	1	2	3	4

vardagar

de Arbeitsdaag

MO	TU	WE	TH	FR	SA	SU
1	2	3	4	5	6	7
8	9	10	11	12	13	14
15	16	17	18	19	20	21
22	23	24	25	26	27	28
29	30	31	1	2	3	4

helg

dat Wekenenn

år

dat Johr

regn
de Regen
regnbåge
de Regenbagen
vind
de Wind
snö
de Snee
vår
dat Fröhjohr
höst
de Harvst
sommar
de Sommer
vinter
de Winter

4.APRIL 11°
5.APRIL 4°
6.APRIL 13°
7.APRIL 8°
8.APRIL 10°

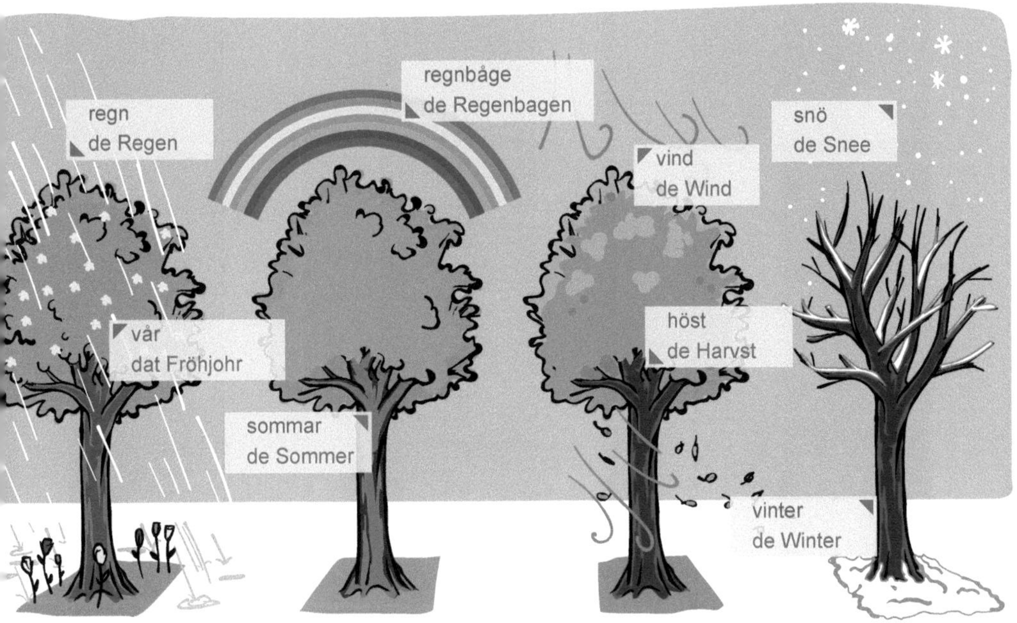

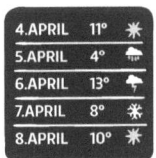

väderprognos

de Wedervörhersaag

F C
120 40
90 30
60 20
30 10
0 0
-30 -10
-20

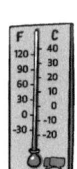

termometer

dat Thermometer

solsken

de Sünnenschien

moln

de Wulk

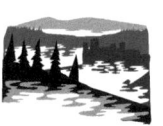

dimma

de Nevel

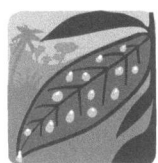

luftfuktighet

de Luftfuchtigkeit

blixt
....
de Blitz

åska
....
de Dunner

storm
....
de Storm

hagel
....
de Hagel

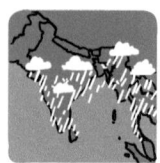

monsun
....
de Monsun

översvämning
....
de Floot

is
....
dat Ies

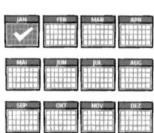

januari
....
de Januormaand

februari
....
de Februormaand

mars
....
de Martmaand

april
....
de Aprilmaand

maj
....
de Maimaand

juni
....
de Junimaand

juli
....
de Julimaand

augusti
....
de Augustmaand

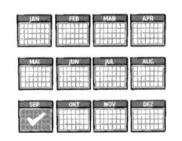

september
de Septembermaand

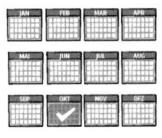

oktober
de Oktobermaand

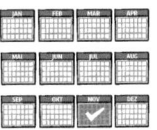

november
de Novembermaand

december
de Dezembermaand

former
de Formen

cirkel
de Krink

kvadrat
dat Quadrat

rektangel
dat Rechteck

triangel
dat Dreeeck

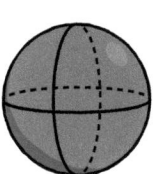

sfär
de Kugel

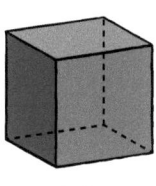

kub
de Wörpel

vit

witt

gul

geel

orange

orangsch

rosa

pink

röd

root

lila

lila

blå

blau

grön

gröön

brun

bruun

grå

gries

svart

swart

mycket / lite
veel / wenig

arg / lugn
böös / verdreeglich

vacker / ful
smuck / mies

början / slut
de Begünn / dat Enn

stor / liten
groot / lütt

ljus / mörk
hell / düüster

bror / syster
de Broder / de Süster

ren / smutsig
schier / schietig

komplett / ofullständig
kumpleet / nich kumpleet

dag / natt
de Dag / de Nacht

död / levande
doot / lebennig

bred / smal
breet / small

ätlig / oätlig

geneetbor / nich geneetbor

ond / god

böös / fründlich

upphetsad / uttråkad

fickerig / langwielt

tjock / smal

dick / dünn

först / sist

toeerst / toletzt

vän / fiende

de Fründ / de Fiend

full / tom

vull / leddig

hård / mjuk

hart / week

tung / lätt

swoor / licht

hunger / törst

de Smacht / de Döst

sjuk / frisk

krank / gesund

olaglig / laglig

nich na't Recht / na't Recht

intelligent / dum

klook / dummerhaftig

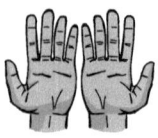

vänster / höger

linkerhand / rechterhand

nära / långt bort

neeg / feern

ny / begagnad

nieg / bruukt

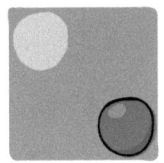

inget / något

nix / wat

gammal / ung

oolt / jung

på / av

an / ut

öppen / stängd

apen / slaten

tyst / högljudd

lies / luut

rik / fattig

riek / arm

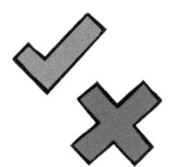

rätt / fel

richtig / verkehrt

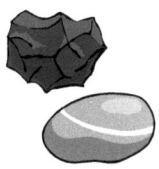

grov / slät

ruug / glatt

ledsen / glad

trurig / glücklich

kort / lång

kort / lang

långsam / snabb

suutje / flink

våt / torr

natt / dröög

varm / sval

warm / köhl

krig / fred

de Krieg / de Freden

0

noll

null

1

ett

een

2

två

twee

3

tre

dree

4

fyra

veer

5

fem

fief

6

sex

söss

7

sju

söven

8

åtta

acht

9

nio

negen

10

tio

teihn

11

elva

ölven

12

tolv

twölf

13

tretton

dörteihn

14

fjorton

veerteihn

15

femton

föffteihn

16

sexton

sössteihn

17

sjutton

söventeihn

18

arton

achtteihn

19

nitton

negenteihn

20

tjugo

twintig

100

hundra

hunnert

1.000

tusen

dusend

1.000.000

miljon

million

engelska

dat Engelsch

amerikansk engelska

dat Amerikaansch Engelsch

kinesisk mandarin

dat Chineesch Mandarin

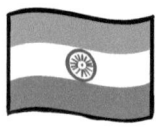

hindi

dat Hindi

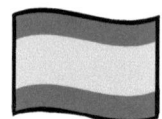

spanska

dat Spaansch

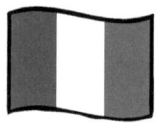

franska

dat Franzöösch

arabiska

dat Araabsch

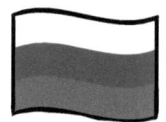

ryska

dat Rusch

portugisiska

dat Portugiesch

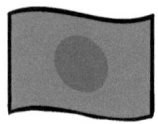

bengali

dat Bengaalsch

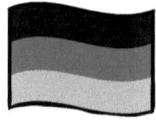

tyska

dat Düütsch

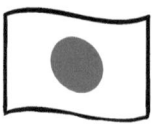

japanska

dat Japaansch

jag

ik

du

du

han / hon / den (det)

he / se / dat

vi

wi

ni

ji

de

se

vem?

keen?

vad?

wat?

hur?

woans?

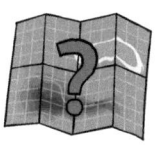

var?

woneem?

när?

wannehr?

namn

de Naam

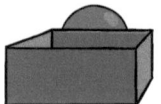

bakom
achter

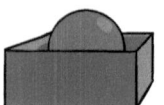

i
in

framför
vör

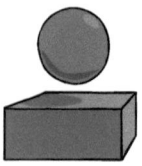

över
över

på
op

under
ünner

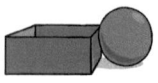

bredvid
blangen

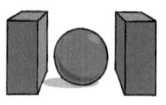

mellan
twüschen

plats
de Oort